Círculo Rojo
EDITORIAL

Mis siete olas

Ms. Salty Freckles

Círculo Rojo
EDITORIAL

Primera edición: marzo 2025

Depósito legal: AL 4178-2025

ISBN: 979-13-7008-390-8   .

Impresión y producción: Editorial Círculo Rojo

© Del texto: Ms. Salty Freckles
© Maquetación y diseño: Equipo de Editorial Círculo Rojo

Editorial Círculo Rojo

www.editorialcirculorojo.com

info@editorialcirculorojo.com

Impreso en España - Printed in Spain

A las olas, tanto las que me han mecido como

las que me han arrastrado en su temporal.

Gracias a vosotras soy.

Gracias a vosotras, escribo.

Dolientes y sanadores

Siempre me he sentido muy afortunada de poder tener o haber tenido a gente que ha dejado su pequeña huella en mi camino de una forma positiva.

A aquellos que no han aportado nada, los he apartado (y bien sabéis que, una vez hecha mi cruz, no hay forma de quitarla), pero a quienes han dejado esa marca, de la manera que sea, siempre me ha gustado guardarlos en un pequeño rincón de mi alma.

Una de esas marcas ha (no reaparecido, porque siempre ha estado) hecho que, en una temporada llena de nubes, lluvia y color gris, se abriera un claro y, con ella, algo de calor.

Hoy, con las palabras más bonitas que he escuchado en mucho tiempo retumbando en mi cabeza, no puedo hacer otra cosa más que agradecer a mi yo del pasado por haber sabido gestionar tiempos y emociones, meterlas en un bote de "dolor" que, con el paso de los años, y como el buen vino, han madurado hasta convertirse en un elixir sanador.

Nunca digáis "no" a un trago, ni oséis deshaceros de esa botella.

Os aseguro que un día, el habérosla quedado y conservado

sin abrir, puede salvar días grises e, incluso, grandes días de

MIERDA.

MCR – I don´t love you

Costumbres

Somos animales de costumbres.

Porque la costumbre da tranquilidad y paz.

Pero, a veces, también produce dolor.

Evitamos cambiar rutas, hacer planes nuevos, conocer gente nueva por no exponernos a nuevos juicios y heridas. Por no perder nuestro camino conocido.

Pero esas costumbres matan; porque seguir con ellas supone aferrarse a las mismas heridas, a estar siempre escuchando las mismas canciones en bucle, esas canciones que no nos dejan sanar.

Y da miedo soltar, da miedo marchar sin un bastón o sin migajas en el suelo que seguir si nos arrepentimos para poder volver atrás.

Da miedo vernos solos e indefensos, ante nuevos amaneceres, nuevas letras, nuevos retos.

Agarramos sin saber que, con las manos ocupadas, no podremos recibir lo que tal vez nos salve.

Sirenas

Fui sirena.

Sí, una de las que cantaban hasta quedarse sin voz, de esas de las leyendas; la que se rompía en cada nota, pero que nadie escuchó.

Mi canto era un grito perdido entre olas que nunca supieron mi nombre.

Nadie vio que yo también podía ser naufragio, que también tenía un océano lleno de tormentas, de momentos en los que me sumergí tanto que ya no sabía si estaba flotando o ahogándome.

Fui la sirena que creyó que en algún lugar alguien la escucharía y, desde alguna orilla, entendería su dolor. Pero no hubo respuesta.

Y yo, por tonta, morí de amor.

Morí entre las olas, con la garganta rota de gritar sin que nadie me oyera.

Morí en silencio, pero no del todo.

Ahora cuando miro el mar, veo las escamas en mi piel, esa parte de mí que que sigue ahí, recordándome que, aunque me tragué el amor y me perdí en su profundo abismo, sigo viva.

Todavía hay algo de la sirena que fui en mí, porque, aunque me haya roto, sigo con fuerzas para nadar en las aguas que antes me ahogaban.

Ya no grito, ya no espero ser escuchada.
Porque el único canto que me queda es el mío, y ahora, por fin, soy yo la que se escucha.

Fréro Delavega – Le chant de sirènes

Stay

Te has quedado.

Después de verme rota y completa,

 después de verme llorar hasta quedarme seca,

reír hasta que el aire me faltara,

sufrir en silencio y gritarlo al mundo,

 bailar como si nadie mirara y gemir como si el mundo se

detuviera.

Has visto cada uno de mis formatos,

cada una de mis versiones,

y, aun así, decidiste quedarte.

Eso, amor, eso sí que vale.

Porque quedarse no es fácil.

Quedarse es un verbo que pesa,

pero tú lo llevas con la ligereza de quien sabe que aquí es donde

quiere estar.

Reina de las nieves

El cielo estaba gris. El mismo gris de sus ojos.

Su cabeza baja, cargando con el peso de la vida.

Carga como la de intentar sostener el pecho entero, cuando ya está fracturado y que nadie percibe hasta que se parte.

Lo intentaba, pero no brillaba. Era mate tras todo lo que le habían arrebatado.

Justas palabras, risas contadas, ruinas heladas, como ella.

Hielo, porque cada vez que se atrevía a ser calor, desaparecía.

No podía salvarla, lo supo de inmediato. Ni siquiera se lo planteó. Pero tampoco podía alejarse.

Ella no pedía ayuda, y quizá eso era lo que más jodía. No pedía nada. Nada, excepto existir en ese silencio frío que él decidió compartir.

—El calor me destruye. Y si me derrito desapareceré.

Él calló. No hizo falsas promesas. Simplemente se quedó.

Estuvo.

Y ese invierno ella no tiritó más.

—No quiero desaparecer.

Nuevamente él calló. Sabía que ella nunca había sido hielo.

Era agua esperando el volverse océano, con sus grandes mareas.

Y él estaría allí para recordarle que, incluso el hielo, bajo el calor

correcto, no desaparece. Se transforma.

AFI – Girl´s not Grey

Ardo

Ardo.

Pero no es el fuego de los cuentos, de esos de hadas que cantan sobre almas gemelas y fieles amores eternos.

Es un fuego sucio; una hoguera hecha de todo lo que debería odiar y, sin embargo, me llama.

Que esta Inquisición decida que debo morir en él.

Que me declare culpable de morder tu boca fuerte, de hacerla sangrar y dejarte la marca de las brujas.

Bruja a la que no es tu mente la que quema; es el eco de tu risa cuando estas tan cerca que puedo oler tu perfume, ese que uso y bebo para seguir siendo inmortal.

Ese que hace que te reconozca como algo propio e inevitable

Tú no eres. Pero sí tu aliento, tu lengua, tus brazos... Y, aunque sé que no debería, aunque sé que me consume y me hará cenizas, no puedo evitar querer acercarme lo suficiente para quemarme un poco más.

Arctic Monkeys- Do I wanna know?

De mar

Hija del sol, sirena humana,

mitad espuma y mitad rebelde.

Naciste del abrazo entre el fuego y el agua, con salitre en los

poros y magia en la lengua.

Tus palabras son cantos, hechizos que desatan risas, aturden y

matan marineros y ahuyentan la tristeza como si el mundo fuera

menos pesado cuando tú hablas.

Tus ojos, cofres que guardan tus tormentas y paraísos, de esas

cosas que los humanos solo pueden imaginar.

Tus pecas, arena gruesa, dibujan constelaciones para recordarte

que siempre serás del mar.

Y tus piernas, que escondes como si fueran un error, SON.

Imperfecciones que marcan el relieve de mapas, cicatrices que

narran guerras que solo una sirena con piel de humana podría

haber librado.

Cantas lamentos de imperfección, pero, cariño, las sirenas nunca lo son.

Son caos, libertad, marcas que cuentan historias mejor que cualquier novela.

Vuela tu pelo de olas y sol, el aire se llena de magia, de esa que sana y desarma.

Y aunque el mundo te mira y a veces duele,
sigues flotando, mitad mujer, mitad ola,
con tus piernas que son alas
y tus palabras que son calma.

Matisyahu- Sunshine

Sonando

La música es siempre libertad.

Oxígeno cuando el aire es pesado y duele.

Cada nota es un hogar, un refugio.

Es melancolía, dolor, alegría y recuerdos.

Todo en uno.

Y la vida, al fin y al cabo, son canciones.

Canciones que huelen a noches de verano, a abrazos rotos, a miradas que no supe devolver a tiempo.

Son momentos congelados en melodías; personas que se quedaron a vivir en versos, imágenes que se pintan con acordes y sonrisas que aún vibran en el eco de un estribillo.

Es el lenguaje de los que no se atreven.

Es la oportunidad de poner palabras en tu boca, de esas que no te atreverías a decir.

Lluvia, arena y mar.

Me miraste con esa calma que solo tienen los que no saben que están salvando a alguien. Y en ese momento, no eran las olas las que me cubrían, eras tú: llenando el aire entre los dos con humedad.

La tormenta en el cielo y en mi pecho.
Fuimos dos mareas chocando.
Un choque que necesitaba para no desbordarme ni romperme del todo. Tu mirada no intentaba entenderme, y quizá por eso no dolía.

No era eso lo que necesitaba, así que fue perfecto. Sin sentimientos ni explicaciones.

Y tus labios lo hicieron, se encargaron de entender mi desastre, lo perdida que estaba y se ocuparon de dejarme sin aliento, para que solo pensara en sobrevivir.
Me arrastrabas lejos de mis propios naufragios. Quemando justo donde últimamente solo había hielo.

No sabía nada de ti. No sabía tu historia ni tus heridas, pero tampoco importaban. Ni a ti las mías.

No eras nada más que un cuerpo frente a mí: cálido, húmedo, tangible, que sanaba.

Me distraías de mi propia cabeza, de ese lugar oscuro donde siempre termino clavándome las uñas.

Solo eras un cuerpo, pero esa noche,

 fuiste todo lo que necesitaba para no seguir rompiéndome.

Viva Suecia- Hablar de nada

Espejos

Crecí sintiéndome pequeña en un mundo demasiado grande,
como si siempre me faltara algo para encajar, para ser suficiente.
Autoexigencia era mi apellido e inseguridad mi nombre.
Frente al espejo solo veía errores. Veía un desorden que no
sabía arreglar.
Me sentía diminuta.
La comida se volvió un campo de batalla donde yo siempre
perdía. Un enemigo que me gritaba que no era digna, que cada
bocado era una promesa rota.
Quería hacerme tan pequeña que no pudieran verme ni
juzgarme.
Que no pudiera juzgarme yo.
Siempre basándome en comparaciones que yo misma hacía por
no sentirme nunca bastante.
Bastante bonita, bastante delgada, bastante buena.
No fui ni soy la única.

Presa atrapada en un cuerpo que nunca será el que quiere, en una cabeza que lucha contra una fuerza de voluntad en construcción.

¿Y si esta constructora consigue traer a los obreros más fuertes, a los arquitectos más expertos y a los más reconocidos decoradores?

Vías cruzadas

Cuando nos embarcamos en el gran viaje, nos enseñan que hay líneas que cruzar, rutas por recorrer, y que no siempre conseguimos subir al mismo tren dos veces en la vida y que, por ello, debemos elegir con cautela.

Los inconscientes, aprovechamos y subimos en una parada, bajamos en otra... innumerables veces. Probando nuevos trenes, nuevos recorridos y destinos.

Toques de silbato, luces intermitentes...sin recordar que, aún con nuestra tarjeta de transporte, cada viaje es único.

Así que sí, elige bien tu línea, pero, si algún tren se te escapa, no temas esperar al próximo, porque a veces, los que demoran son los más interesantes.

Atrévete a soñar y a viajar, reconociendo que cada estación, guardará su magia.

Cambiar de rumbo no significa perderse, sino quizá encontrar el viaje que realmente necesitas.

Y, a veces, solo a veces, acabamos subiendo al mismo tren del que bajamos una y otra vez.

Espacio

Siempre ha habido algo en los agujeros negros que me aterra y me fascina a la vez. Ese misterio, esa libertad.

Esa capacidad de tragarse el universo sin pedir permiso, de existir sin que nadie entienda cómo; de ser silencioso y, sin una palabra maravillar a todo puto ser humano.

Si es verdad aquello de la reencarnación y me estuviera permitido hazme agujero negro.

Libre, pero con la fuerza suficiente para absorber tus dudas, tus miedos, todo lo que no te deja respirar. libérame de ser constelación torpe, dibujando líneas invisibles intentando atrapar estrellas desesperadamente.

Porque, aunque lo niegue, no necesito tenerte en mi orbita.

Necesito devorarte, que descubras mi CAOS y no puedas escapar

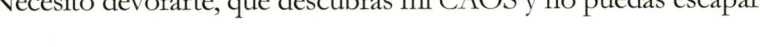

3 Doors Down- Kryptonite

Planos

En el mundo del cine, hay planos que se graban en la memoria como una cicatriz. Uno de ellos es el plano medio, tan querido y a menudo utilizado por Martin Scorsese.

Es un campo minado de emociones, donde el rostro del personaje se convierte en un lienzo para los sentimientos más profundos. En ese encuadre, vemos la vulnerabilidad y la brutalidad de la existencia humana.

Scorsese no solo captura historias; escudriña las almas.

Cada mirada, cada gesto, hablan más que mil palabras.

En sus películas, el plano medio no es solo una técnica; es una invitación a sumergirse en el abismo emocional de los personajes.

Pero nosotros vivimos tras la cámara. Y desde aquí es difícil transmitir lo que realmente sentimos y volvernos así vulnerables para conectar de una manera única (ya que la autenticidad atrae, sana y transforma).

Salir a escena, ser el protagonista del plano, es, hoy día, un acto de rebeldía.

Al igual que en las obras de Scorsese, donde el dolor y la redención caminan de la mano, al abrirnos y permitir que otros vean nuestro interior, estamos creando un puente, un lugar seguro donde los demás pueden también desnudarse.

Ser capaces de conectar y de mostrar nuestro ser más auténtico... es el verdadero plano medio que dejará cicatriz y una escena que quedará en la memoria de un público dispuesto a quedarse hasta el final.

Y en esa conexión, actor- público, encontramos la esencia de nuestras historias, no solo en el cine, sino en la vida misma.

Terriña

Ella, que nunca dejó de soñar con mares imposibles.

 La que parió a Castelao y a todos los que aprendieron a luchar

con una pluma cuando ya no quedaban espadas.

Verde tan vivo, que podría tragarse al cielo y un azul de mar que

dibuja horizontes donde nadie más los ve.

Aquí la lluvia no moja, te bendice.

Aquí las piedras no pesan, cuentan historias.

Tierra que no se rinde, no se vende, y si la pisan demasiado

fuerte, sabe cómo llorar sin hacer ruido. Somos desconfiados, es

verdad. Porque nuestra historia está escrita en cicatrices.

Pero que nadie se equivoque: nuestra alma sigue limpia como el

agua de nuestras montañas.

Tierra que se levanta cada vez que alguien intenta doblegarla.

Esa la que mira al mar y nunca se cansa de esperar a los que se

fueron.

 Aquí los atardeceres se sienten.

La brisa sabe a sal y a versos sin escribir.

Vieja y sabia, casa, refugio y promesa.

Eternidad escondida entre olas.

Hoy te escribo desde la ciudad que respira salitre, que vive entre faros y olas, siempre con un pie en la tierra y otro en el Atlántico.

La hija rebelde que nunca se deja encerrar en moldes. Aquí, el mar es un idioma que se habla con las manos llenas de redes y el corazón de historias.

La hermana Ría que lo mira todo, que se traga los últimos rayos del día para regalarnos atardeceres que parecen pintados por dioses.

Es la luz de las Cíes, es el bullicio de sus calles, el sabor de su marisco, el latido incansable de sus gentes.

Es el rugido de Balaídos, las luces de Navidad que tocan el cielo, y el alma de una ciudad que no sabe rendirse.

Es la resistencia de la Reconquista y la melancolía de los barcos que partieron, dejando su eco en las olas.

Es que como diría Castelao: *"Los gallegos sólo tienen razones para suicidarse cuando salen de su tierra"*.

Agostodieciséis

Era hora de deshacer este nudo y por fin, sin pensarlo dos veces, he tenido el valor de hacerlo.

Como siempre yo, iniciando conversaciones, pero por primera vez en mucho tiempo, tú la quisiste continuar. Haciendo alarde de valentía no sabías donde te metías y, por fin, esas palabras que durante años han retumbado en mi cabeza, salieron de entre mis dedos que, valientes, sobre el teclado de un móvil, empezaron a bailar.

Volvimos años atrás, pusimos nuestros corazones, sin disfraces, en las manos, y por fin supe que me quisiste de verdad.

Que la carretera era de doble sentido y los dos estábamos dispuestos a colisionar a lo largo del camino una y otra vez. Y que fuimos siempre a la misma velocidad y sin frenos.

Nos quisimos tanto, que, años más tarde, tuvimos miedo de vernos y de que esos corazones decidieran, inconscientes, darse la mano de nuevo.

Y nos evitamos, siempre sin decirnos nada.

Ahora sé que eres feliz y que esta vida no fue nuestro momento.

Por ello toca despedirse:

"Nos vemos en otra vida, cuando los dos seamos gatos".

The Killers- Mr. Brightside

Paraguas

No sabes lo difícil que es.

Taparte sin mojarme, hacerte reír mientras yo estoy rota.

Intentar ser firme, creer en algo, confiar en alguien, cuando

llevo cicatrices que no quiero mostrar.

No sabes lo que cuesta sostenerme mientras todo dentro

tiembla, ni lo que implica fingir que estoy bien cuando por

dentro estoy hecha pedazos.

 Pero, aun así, lo hago.

Veo tus comedias para intentar olvidar mis propias películas de

terror.

Escucho tus risas mientras trato de callar mis propios gritos.

No sabes lo difícil que es, pero no importa.

Porque si te hago reír, si consigo que no sientas el frío, aunque

me empape yo, entonces habrá valido la pena.

Somos

El poder de los amigos está en las cosas que no se dicen, pero se entienden.

En una clara que entra como agua en verano,

en unas hamburguesas en el Vao con las manos llenas de grasa y el sol pegando en la nuca.

En una toalla tirada en las Cíes, viendo la puesta de sol como si el mundo fuese nuestro y no al revés.

Es bailar hasta que los pies duelan, sin mirar el reloj porque, a esas horas, el tiempo nos importa una mierda.

Es gritar canciones en Churruca, rompernos la garganta como si fuéramos cantantes de rock.

Es abrazarnos sudados, posar mil veces en el espejo del baño de la discoteca como si fuéramos estrellas, porque a esas horas la vergüenza está bajo tierra.

Y al día siguiente, tu mensaje:

- *"¿Cómo has dormido? Yo fatal. Me acosté sin desmaquillar, pero ¡qué noche, colega, qué noche!"* –

Eso sois. Caos, risas, fotos borrosas, momentos que no se repiten, pero dejan marca.

Sois el motivo por el que, pase lo que pase, siempre estoy lista para otra.

La la Love you- El fin del mundo

Medusa y Poseidón

Medusa no nació monstruo.

La hicieron monstruo.

Porque siempre hay alguien que necesita a una mala en la historia, y a ella le tocó serlo.

La violaron en el templo de Atenea. Un lugar sagrado, dicen.

Pero ¿qué lugar es sagrado cuando eres mujer?

Atenea no la escuchó, nadie lo hizo.

El castigo no fue para el agresor, porque, claro, era un dios.

El castigo fue para ella.

Por ser mujer, por ser hermosa, por existir en el lugar equivocado.

Le arrebataron todo: su rostro, su cuerpo…

Convirtieron sus ojos en castigo.

Nadie quiso escuchar su versión.

Dicen que era peligrosa.

Que mataba con la mirada.

Pero nunca hablaron del dolor de no poder mirar a nadie sin destruirlo.

De no poder conectar con un alma porque tus ojos están malditos.

Otro castigo más.

Otra mujer rota por los pecados de un hombre.

No encontró sororidad. Ni siquiera entre las diosas.

Porque para ellas también era más fácil culparla, mirar hacia otro lado. Siempre es más fácil cargarle el peso a la mujer.

Pero Medusa no era un monstruo. Era una víctima.

Y, aun así, la convirtieron en leyenda.

No por su verdad, sino por su castigo.

BE S. O. S

A veces no hace falta mucho para sentirse a salvo.

Un beso en la frente, esos abrazos que te agarran por la espalda como si no quisieran soltarte, o las caricias en el pelo que te hacen sentir en casa.

 Es como si te dijeran: "aquí, todo bien", y en ese momento, el mundo puede estar en llamas, que tú solo tienes que mirar a esa persona y sentir que todo va bien.

Y es que, al final, esa conexión va más allá de cualquier cuento.

Porque, mientras sientas ese calorcito en el pecho, esa seguridad que te da saber que no estás solo, sabes que lo que tienes es de verdad.

No es el amor de las películas ni el de las grandes novelas, es ese amor que se construye con risas, con miradas que dicen más que mil palabras.

Y así, sin darte cuenta, por fin encuentras algo sano, algo con lo que quedarte ahí.

Red flags

Todos tenemos las nuestras, esas señales que gritan peligro, aunque tratemos de ignorarlas.

Establecemos lo que vale y lo que no para formar parte de nuestras vidas.

Las mías, no son negociables.

Jamás me intentarás cortar las alas, controlarme como si yo fuese algo domable.

Y luego está mi no rotundo: las aplicaciones de citas (el mercado de polvos).

En un mundo en el que todo se ha relegado a la apariencia y a lo básico esto tenía que ocurrir: dejarlo todo a un deslizar el dedo sobre una pantalla.

Un catálogo digital de físicos que valorar.

No puedo evitar verlo como una muestra de fragilidad, de esa masculinidad débil que necesita validar su existencia con cada *like*, con cada *match*, una especie de bingo que ganar por si ser tú mismo no fuera suficiente.

No puedo con la idea de buscar algo tan visceral, en un catálogo de rostros vacíos.

El estar cerca de alguien y sentir que sí, que ahí es, aunque solo sea físico, aunque no dure más de una noche, no se puede fingir.

Una fragilidad que no voy a tolerar y una simplicidad que me repugna.

Y por último (y bien dicho, "no menos importante"), que no te vean como su mejor coincidencia, la mejor casualidad que les ha pasado en la vida (si no me miras así, como si tuvieras miedo de perderme, no me busques).

 No quiero ser la opción cómoda,

 quiero ser el puto milagro.

 ¿No estas a la altura? Perfecto.

Yo no bajo la mía. Si tengo que ser, solo seré terremoto que arrasa, el huracán que te deja sin aliento.

Y si no estas preparado,

mejor sigue deslizando.

Veintinuno x Love of Lesbian- La vida moderna

Rimini

Una vez conocí a alguien.

No sé quién era ni que había detrás de su mirada, pero sin decir mucho me regaló muchas cosas.

Una de ellas fue introducirme en la fantasía de Fellini.

Para alguien que pierde la cabeza por entender todo y a todos, y analizar el comportamiento humano, fue, encontrar un universo de luces y sombras, donde el absurdo baila con lo increíble y la vida nunca pide permiso para ser arte.

El señor F. me descubrió (y reafirmó) que la originalidad no es un lujo, es algo obligatorio.

Que no hay nada más liberador que reírte de los que te miran raro, porque ser único es la única forma sana de existir.

Él lo entendió: lo grotesco no es feo, lo grotesco es humano.

Es la carcajada a mitad del drama, la torpeza que te hace sentir humano. Para mí, hizo lo que todos deberíamos hacer: dejar huella, aunque sean extrañas o no tengan sentido.

Porque inspirar a otros, que alguien dibuje tus trazos, es la mayor prueba de que tu locura no es prescindible.

En el breve tiempo en el que he podido descubrir sus obras, me ha reafirmado lo que ya sabía: si el mundo aún se mueve, es gracias a la locura de quienes, como F., no tuvieron miedo de ser ellos mismos.

Todos lo necesitamos para sobrevivir.

Sin nuestros desquicios todo sería demasiado fijo, demasiado cuerdo y demasiado muerto.

Comprendí que, si lo que eres inspira a otros, entonces no estás tan perdido como creías.

Puede que el mundo necesite de nuestra locura para no morir de cordura.

The eyes

Estamos acostumbrados a usar las palabras con astucia y, muchas veces con un precioso disfraz.

Solemos retorcerlas en la lengua, enredarlas y adornarlas con la misma habilidad con la que un mago lo haría.

Magos cuyo mayor enemigo son ellos, los ojos... Ah, los ojos nunca mienten.

Malditos delatores. Traidores de las promesas hechas con nuestros secretos y el alma, incapaces de evitar reflejar todo lo que escondemos.

Las palabras pueden decir lo que quieran, ya que, al final, aquello que nos oprime el pecho siempre se cuela en la mirada, encendiendo o apagando sus luces, mostrando el incendio o la sombra.

Dicen por ahí, que algunos lo saben y se protegen. Son leyenda, una leyenda que habla de los que siempre llevan gafas de sol.

No importa si es invierno o si la noche ha caído con toda su oscuridad. Ellos esconden algo.

Quizás el miedo, quizás el deseo, quizás tristeza.

Es su seguro de vida. Saben que los ojos, cuando alguien los mira demasiado tiempo, lo confiesan todo, y no hay mentira que los salve.

"The eyes, chico, they never lie."

La la love you – Los ojos chica, no mienten

Bailes de sal

La sal bailaba en el aire y tú, sin decirlo, ya eras mar. Apenas un nombre, apenas unos ojos con todo el peso de la marea dentro.
No hablamos de nosotros ni de futuros.
Nada de esos hilos que la gente usa para atarse.

Tú, sin querer, le dabas descanso a mi tormenta.

A veces, llega con que alguien, te enseñe que el mundo puede volver a latir.

Me miraste como si no tuviera heridas, como si no fueras capaz de ver el desastre que traía dentro.

Y yo quise creérmelo por un segundo.
No sé quién eras, y sigue sin importarme.
Pero esa noche entendí que a veces no necesitas nada más que un poco de sal, de lluvia y de alguien que, sin saberlo, te acomode los pedazos.

Kintsugi

Nunca fui esa niña segura que alza la voz sin miedo o que
camina como si el mundo le perteneciera.

Acostumbrada a moverme en puntillas, a caminar
silenciosamente, como si mi presencia pudiera molestar.

Con los años aprendí a dar pasos más firmes, a mirar al frente,
a convencerme de que quizá, solo quizá, no era tan pequeña
como creía.

Y entonces llegó ese día y ese quirófano. Viva, pero no intacta,
por algo que no debía haber ocurrido.

Siempre he llevado cicatrices, pero de esas que nadie ve; de las
que te aprendes a callar porque de algún modo te enseñaron
que lo que duele se guarda, se mastica en silencio, se digiere
solo.

Las de fuera, en cambio, no las conocía. O quizá no estaba
preparada. Me miré al espejo y vi marcas donde antes había piel.

En un mundo que grita perfección desde todas las esquinas,
esas cicatrices me hicieron sentir expuesta, pequeña otra vez.

Me escondí.

Me escondo.

El verano dejo de ser libertad y volvió a ser una prisión. Y desnudarme, bueno, se ha convertido en un acto reservado solo para quienes han ganado el derecho de ver lo que queda de mí sin filtros.

Hoy cumplo un año más, y claro que doy gracias por estar aquí, por seguir viva, por seguir construyendo algo sobre los restos de lo que fui.

Toca otro año más, reeducar a aquella niña, que sigue dentro del cuerpo de una treintañera magullada. Toca enseñarle que, aunque algunas piezas ya no encajen como antes, vamos a seguir con el kintsugi.

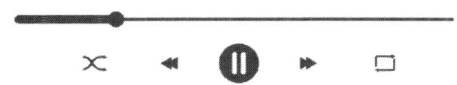

The Kid Laroi – Without you

Churru 20

Cerrada una puerta y con ella una gran etapa.

Una parte de mí y de mi yo adolescente se quedará entre sus paredes.

Brújula en mis años más caóticos, una especie de casa que no aparecía en los mapas, pero siempre estaba ahí, esperándome, con la música alta y las cervezas frías.

Aquí lloré, aprendí a reír de nuevo, de esas risas que suenan a campanas, a redención.

Aquí bese, como si el tiempo fuera a detenerse solo para mí.

Aquí despedí amores que parecían eternos, pero también di la bienvenida a otros, con la misma fe absurda con la que uno salta al vacío.

Este lugar me vio bailar torpe, cantar fatal y aprender a hablar en mil acentos distintos, mezclando idiomas y risas.

Fue una parada en el camino, fue esa mesa donde se sellaron amistades eternas que todavía conservo; la barra donde los sueños siempre parecían más grandes bajo las luces tenues y el baño tercermundista donde arreglarnos el maquillaje entre canción y canción.

Gracias, por ser hogar (a pesar de ser el mayor antro en el que he pasado mis noches), pista de baile y confesionario.

Te dejo atrás, pero también me quedo contigo, porque, aunque las puertas se cierren, algunos lugares no nos abandonan jamás.

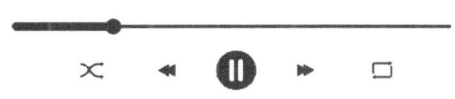

Delaporte- Cariñito

Norte

No necesito sur si ya tengo mi norte.

Porque aquí, en esta esquina del mapa (fin para algunos, principio para nosotros), aprendí que no hay sol que se valore sin la lluvia que lo precede.

Aquí, llueve por dentro y por fuera. Llueve para limpiar, para arrastrar lo que pesa, para recordarnos que somos todas las personas que habitamos dentro: las que suspiran al calor de una tarde gris y las que gritan eufóricas tumbadas en la arena abrasadora de una playa de Cangas en pleno julio, mientras el Sol se atreve a mirarnos sin miedo.

 Las que suenan bajo la lluvia persistente en Compostela y las que se desbordan de felicidad en un atardecer sobre las Cíes.

Aquí están las raíces que Castelao dibujó con manos de *carballo*, esas que agarran la tierra como quien abraza un sueño, y no lo sueltan.

Aquí la vida late al ritmo del Atlántico, que no divide, sino que une; que no rompe, sino que acaricia.

Dicen que el norte es frío, pero aquí todo es calor: el de la *lareira*
encendida, el del pulso firme de quienes nunca se rinden, el de
las palabras que nos recuerdan que *"os pobos non deben vivir de
costas o mar nin a sua historia."*

Y mi historia es esta, la de una tierra que no se inclina, que no
renuncia a su voz. Una tierra que habla con acento propio y
camina a paso lento, pero seguro, porque sabe adónde va.
No necesito sur porque mi norte es un faro que nunca se apaga.
Porque en cada verde que pisa el Sol y en cada gris de las nubes
esta mi hogar.
Porque aquí *"somos do tamaño do que vemos, e non do tamaño do noso
corpo."* Y lo que vemos es infinito: montañas que acarician el
cielo y un océano indómito.
 Aquí *"Non choran os ollos, chora a alma cando chove en Galiza."*
Por eso, no quiero perder mi norte. Porque aquí está mi
equilibrio, entre la calma de la lluvia y el ardor del Sol. Faro que
guía en la tormenta y el puerto al que siempre regreso.
Siempre en *Galiza*, porque aquí encontré mi hogar y también a
mí misma.

La calma de las olas, la rabia del viento la voz de una gaita que siempre encuentra el camino a casa.

 La obviedad de que para ser hay que quedarse, pero también salir y volver.

Siempre volver.

Porque *"Galiza somentes será nosa se a sentimos nosa."*

Y yo, la siento mía.

Weirdo

Hay algo mágico en ser señalado como raro, como si el mundo estuviera reconociendo que no perteneces al montón.

Es casi poético, ¿no? Como ser un punto brillante en medio de un lienzo monocromo; algo que rompe con lo predecible, que no encaja en las producciones en masa de lo ordinario.

Quienes llevamos esa palabra tatuada en la frente (aquella que muchas veces nos hizo sufrir) sabemos la carga que supone soportar la mirada inquisidora del resto.

Los que caminan a contramano, son los que lo sacuden todo, los que hacen temblar el mundo, los que ven el potencial donde otros no ven nada.

Son los que llenan sus bocas de sus pasiones y viven bailando en zigzag mientras otros reptan en línea recta.

Ser raro es saber que las pasiones que otros no entienden, son lo que nos alimenta.

Ser raro es ser una edición limitada en un universo de copias genéricas Así que sí, que te llamen raro. Porque los que viven sin miedo a ser distintos son los que tenen el poder de cambiarlo todo.

El sabio Chbosky

"Aceptamos el amor que creemos merecer", dijo Chbosky.

Por ello, tener un corazón sin heridas profundas, de esas que no sangren al rozarlas, es vital.

Porque cuando estamos rotos, torcidos, frágiles, heridos… no vemos con claridad.

Vemos a través de la carencia, del conformismo. Como si tuviéramos frente a nosotros un espejo empañado.

Es entonces donde nos conformamos con lo que apenas llena nuestro puño, porque nos olvidamos de lo que merecemos y de lo que necesitamos.

Nos olvidamos de que somos océanos y nos ofrecemos a quién apenas ha visto un mar.

Por eso, debemos mirarnos en espejos limpios, con mirada clara y reconociendo el respeto que merecemos.

Debemos escuchar que podemos amar, pero también ser amados. Siendo seres frágiles, torpes…pero valiosos.

Y cuando seamos capaces de verlo, podremos encontrar el lugar en el que que quedarnos para, no solo ser, sino, crecer.

Limp Bizkit- Behind blue eyes

Coincidir

Algunas personas aparecen en tu vida no solo para salvarte, sino también para compartir contigo lo que nunca pensaste que necesitarías: un baile a deshora, un viaje sin destino claro, o una borrachera de esas que te hacen reír hasta que te duele el cuerpo.

Aparecen con un tatuaje en la frente que dice "no todo debe ser serio, el tiempo puede ser fugaz y hermoso, incluso cuando te encuentras perdido".

Te cogen de la mano y te llevan, sin preguntas, sin explicaciones; solo con la vida, esa que no se mide con un calendario, sino con momentos.

Esos momentos, de bailes al borde de la locura, festivales, conciertos y viajes en los que el mapa se pierde y tú también. Esas promesas rotas y carcajadas son los que te quedan.

Y descubrimos que quizá lo que necesitamos no son respuestas, sino compañía, sin filtros, sin miedo.

Porque la vida, aunque no sea eterna, los recuerdos pueden serlo.
El tiempo no los roba, los acompaña con un paraguas.

Tal vez esas personas se vayan, tal vez se queden, pero el tiempo que compartieron contigo siempre será un gran cromo dorado de tu colección, que guardar como un tesoro.
Como decía Diego Ojeda, *"la gente aparece para mostrarnos que no estamos tan rotos, para recordarnos que también somos un poco locura, un poco fiesta, un poco vida."*

Y qué maravilla, ¿no? Saber que en algún rincón de la memoria siempre habrá un baile, un viaje, una historia compartida que te hará sonreír.

Porque al final, las personas que llegan en el momento adecuado no son las que más tiempo se quedan, son las que más te marcan, las que te sanan.

Y aunque no lo esperes, te salvan. Y todo lo que te dejan, es como un regalo que no sabías que necesitabas.

No hay que buscarlo, solo dejar que llegue.

Sum 41- Landmines

Tiempo

Cumplir años es una ceremonia de duelo: por el ayer, por lo que no hice, por lo que ya no haré.

Cada vela soplada es un adiós a alguien que fui y no volveré a ser.

Y me aterra.

Tengo miedo de ver a los míos evaporarse, de que un día las sillas de la mesa estén vacías, y lo único de sus risas que me quede sea en audios de *whatsapp*, en mensajes de contestador....

De no tener el abrazo de mi madre y su caricias en la espalda cuando me apoyo sobre ella en el sofá (con ella siempre seré niña, cría indefensa que busca su regazo), las palabras de mi tía (siempre sabias y comprensivas) o las bromas y terquedades de mi padre (lo *nécora* que soy, pero lo mucho que me parezco a él)...

Me asustan las arrugas, cada una de ellas es como una línea
de una página en un libro que voy terminando de leer y me da
miedo que acabe.

¿Es eso hacerse mayor? ¿Despedirte poco a poco?

Es una pizca de dolor,
porque duele soltar las manos que te enseñaron a caminar y
saber que, tarde o temprano, tendrás que aprender a volar solo.

Es fingir que no te asusta la tormenta, que puedes con todo,
cuando en el fondo, lo único que quieres es volver a casa y que
alguien más cargue con el peso del mundo por ti.

Es estar en guerra con algo que nos destruye y que no podemos
ver.

Una carrera que pierdes nada más cruzar la línea de salida.

Ya no

No confías, y obvios son tus motivos.

Porque cuántos "te quiero" después se fueron.

Porque te prometieron "esto queda entre nosotros" y al final no

quedo nada, ni nosotros ni secretos.

Desconfías porque aprendiste, a no creer más en palabras.

Palabras que hoy son fuego y mañana solo humo ligero.

Porque tú te quedaste cuidando de los pedazos que dejaron.

Porque confiar es exponerte, abrirte, y tú ya estás cansada de

regalar puertas que otros cierran sin avisar.

Porque confiar es un lujo que ya no te puedes permitir. Y eso

también está bien.

Que si un cuerpo hay que ganárselo,

el creer en las palabras también.

A(MAR)

El mar me sanó a hostias, sin pedirme permiso.

Llegue allí hecha trizas, rota por dentro, y no me preguntó el motivo ni me dio tiempo a quejarme.

Me tiró de cabeza en enero, en su frío, pero que me abrasaba por dentro.

En su frialdad calenté los huesos que llevaban congelados desde hacía tiempo.

Respirar era lo único importante, y joder, lo logré. Como nunca.

Estaba perdida, claro que lo estaba.

Por eso me tatué la rosa de los vientos, porque me encontraba atrapada en círculos, buscando algo que no sabía si encontraría.

Y el mar, sin decirme nada, me dio la respuesta: que estar perdida no significa estar rota.

Estar perdida es estar viva, es moverse, aunque no tengas p*** idea de hacia dónde.

Me metí en el mar para no pensar, para dejar de arrastrarme por el mundo. Y, j****, fue como si algo dentro de mí despertara.

Como si cada ola me hablara de donde mis raíces ya no se

sentían en la tierra, pero sí en el agua. Como si me recordara que el mar es lo único que no te traiciona.

Él no te pide que seas quien no eres, solo te recibe tal cual.

Y yo llegue allí, rota y perdida, y él …

Piratas

En un asalto de un buque en Somalia, se encontraron dos viejos marineros.

Sus miradas se entrelazaron en un baile sin música con las olas del mar, con palabras no dichas que pesaban más que el ancla del viejo buque.

Ella, con su sonrisa traviesa y él, con su mirada profunda, descubrieron en ese fugaz encuentro un destello de lo que podía haber sido y no fue por no haber tenido el valor de comparar sus rumbos.

Se asomaron al abismo de lo desconocido, sin miedo a caer, solo con los cañonazos de miles de palabras no dichas y sables contra las gargantas.

Entre disparos y cortes, finalmente sangraron palabras. Palabras que hablaban de universos paralelos, de mares desconocidos donde todo habría sido distinto, donde los corazones son valientes y los errores solo historias que contar bajo la luz de la luna.

Eliminada la carga de los buques por las respectivas bordas, se despidieron, mapa en mano.

Uno a lápiz, dejando margen para improvisar y corregir si era necesario y otro en tinta negra, con rutas bien marcadas de las que no se desviaría jamás.

Yami Safdie, Lasso- En otra vida

Rick e Ilsa

Volver a ser extraños con alguien que ha visto tu alma es como intentar desandar un camino donde una vez estuviste segura.

Es ir hacia atrás en un escenario de Casablanca, donde las despedidas no tienen grandeza, solo un silencio gris que se desliza entre dos cuerpos.

Es mirar ojos que antes eran refugio y saber que no te reconocen.

Es un baile de silencios, de "¿Cómo estás?" vacíos.

Es negar que conoce tu piel; que quieras o no, lleva marcados los labios que un día le permitiste probar.

Curioso, tras serlo todo, poder volver a no ser nada.

Como si esa piel olvidara y los recuerdos se borraran.

Es ver a quien un día te sostuvo el alma y sentir absolutamente nada, ni rabia, ni amor, ni vacío. Solo un frío distante, como si nunca hubiera existido.

No hay explosiones ni despedidas épicas.

Ni rabia, ni dolor.

Nada.

Lord Huron - The night we met

Treinta y uno

La felicidad, como dijo Borges, no es otra cosa que "no anhelar lo que ya se tiene". Es un instante puro y breve.

Es no desear estar en otro lugar ni ser otra persona.

Es sentirse en casa en el propio cuerpo.

Es un 31 de enero —ese mes interminable que pesa como un año—, pero esta vez no importa.

Porque a las 18:30 estás sentada en el muro de Samil, el Sol naranja tiñe las Cíes de un brillo imposible y el aire, aunque frío, huele a sal.

La cerveza fría en una mano, unas patatas fritas en la otra.

Y unas carcajadas de quien sabe que no le falta nada.

Son amigos. La certeza de que compartes tu vida en el lugar más bonito del mundo. Porque ellos lo hacen así: rompen el aire con su manera de pintar de luz los días más grises (y de esos que acojonan).

Es el Sol acariciando tus mejillas pecosas, sonrojadas por el frío.

Es el saber que, en ese muro y con esas islas al frente, no necesitas más.

Excepción

Si un chico no te llama, no te escribe, no queda o siempre tiene una excusa,
es porque no quiere hacerlo.
No le interesas.
Y no pasa nada.
Pero desde pequeñas nos programan, nos meten en el disco
duro una placa encargada de buscar señales donde no las hay,
para creer que el silencio es misterio y no desinterés, para
pensar que, si insistimos lo suficiente, lo cambiaremos.

No es así. Lo que importa no es lo que él no hace, sino lo que
tú decides hacer: soltar, cerrar la puerta y quedarte con quien sí
quiere entrar sin que lo invites dos veces.

Deja de romantizar el vacío.
Nadie está tan ocupado, nadie tiene tantas dudas.

Si no te elige, es porque no quiere.

Olvídate de mí

Abrí los ojos y te vi.

Desde el primer momento lo supe.

El mundo giró distinto, como si la gravedad hubiese cambiado de dueño y ahora fueras tú quien marcara mis pasos. Temblaba el suelo y, con él, mi pecho.

Por entonces yo estaba con alguien, pero tu sombra era una grieta que partía mi historia en dos. Una semana, eso fue todo lo que me tomó deshacerme de aquello, quemar las ataduras, saltar al vacío sin paracaídas.

Quería llegar a ti sin reservas, con los bolsillos vacíos y la piel desnuda.

Y durante un tiempo, lo logré. Te entregué mi versión más pura y simple. Nada nos separaba, ni el tiempo, ni las dudas, ni los miedos. Te convertiste en el hogar al que siempre quise regresar, aunque yo misma no entendiera cómo pertenecer.

Pero el verano llegó. Ese maldito verano que todo lo cambia, que nos vuelve risas, sudor y deseo de conquistar lo imposible. Y tú lo conquistaste, pero no conmigo.

Recuerdo el sonido del *crack* en mi pecho, como si alguien hubiese tirado un vaso al suelo y yo fuera quien tuviera que recoger los trozos, con las manos desnudas y cortándome.

Hubo pedazos tan pequeños que se me perdieron para siempre. Quise borrarte de mi cabeza, arrancarte de mis recuerdos, como si eso pudiera salvarme. Nunca deseé tanto perder la memoria.

Seguí vacía. Y rota. Aferrándome al hilo rojo que nos unía, aunque ya era apenas unas hebras.
Tú te fuiste, te marchaste a otra ciudad y dejaste mi vida colgada en pausa. Un eco hueco.
Pasaron meses, tal vez años. De vez en cuando volvías, en fechas marcadas, en recuerdos que no sabía cómo desechar.
Nos cruzábamos. Hablábamos de todo, menos de nosotros, menos de lo que dolía.

Una vez besé otros labios delante de ti, sin sentir nada, solo esperando que te rompieras, que sintieras lo que yo llevaba sintiendo desde aquel p*** verano.

Pero los años pesan y pasan.

Las vidas se llenan de otras vidas, de ataduras que no escogimos pero que no supimos rechazar. Tú te ataste. Yo también. Y el destino nos convirtió en un par de imposibles.

Hasta que volviste. De nuevo. A mi ciudad, a mi lugar seguro, ese donde prometí no verte más. Y, sin embargo, allí estabas, otra vez, con tus ojos marrones llenos de preguntas.

Podría haberte besado. Juro que quise hacerlo. Pero sabía que me hundiría contigo, y esta vez no podría esconder las heridas (jamás fui capaz de comprender cómo conseguí que mi cabeza atara tan en corto a mi corazón).

Así que no lo hice. Me subí al coche, dejando en el aire todo lo que guardé bajo llave durante años: abrazos, besos y "te quiero" que nunca te dije.

Me pudo el miedo. Y el miedo, como el amor, también ata.

El tiempo volvió a pasar. Y, cuando supe que nuestro hilo rojo finalmente se había roto, cuando las cicatrices ya no dolían al tacto, encontré el valor de decirte todo lo que fuiste para mí. Lo que sigues siendo. Y tú, con tu maldita reciprocidad tardía, confesaste lo mismo.

Al final, no importa cuánto intenté arrancarte de mí, *"nos aferramos a los recuerdos incluso si duelen, porque eso significa que fueron reales."*

Pero no es nuestra vida.

Quizá, en otra.

Quizá, cuando volvamos a nacer.

Sidecars- olvídate de mí

"Llámame que no tengo saldo"

El cerebro es un artefacto programable. Lo pensamos libre, autónomo, pero está moldeado por las manos invisibles de cada imagen, cada *scroll* infinito, cada notificación que vibra en el bolsillo.

Y ahí estamos, consumiendo y siendo consumidos. En un sistema que nos educa a necesitar, nuestro cerebro aprende a desear lo que nunca tuvimos.

Sin darte cuenta, te estás tragando el manual de instrucciones de cómo deberías ser.

Más guapa, más delgada, más sexy, más todo.

Pero nunca suficiente.

Vivimos en una jaula de espejos. Todo el rato comparándonos, todo el rato pensando que somos menos.

Porque, claro, ahí están ellas: perfectas, pechugonas, con una sonrisa blanca de *Photoshop*, un culo que desafía las leyes de la física y miles de *likes,* comentarios y fueguitos de hombres primitivos que solo buscan lo que ellos pueden aportar.

Y tú en pijama, con ojeras, pensando en si vales algo. *Spoiler:*
vales, pero te han programado para que no lo creas.
Antes tenías que pagar por abrir la boca. Literalmente.

Cada mensaje costaba dinero, cada llamada tenía un límite.
Pero por eso las cosas importaban. Te lo pensabas. Pesabas
las palabras. Un "¿cómo estás?" era oro. Y no hacía falta llenar
conversaciones con mierda para sentirte escuchada.
A veces, con un simple "toque", ya bastaba. Era decir:
"Eh, sigo aquí." Sin ruido, sin expectativas y estoy pensando en ti.

Hoy nos hemos olvidado de lo básico: una nota con un
"guapa", un abrazo que no necesitas anunciar en Instagram, un
"te echo de menos" que no se pierde en emojis.

Necesitamos desprogramar todo esto. Y volver. Volver al papel,
al boli, al momento en el que alguien te miraba a los ojos y eso
era suficiente para que te sintieras viva.

Dar lo que eres

Las personas dan lo que son, nada más, nada menos.

Y casi siempre, el error no está en lo que entregan, sino en lo que esperamos.

Nos llenamos de expectativas sobre cómo deberían ser, cómo deberían actuar, y cuando no cumplen ese guion que escribimos en nuestra mente, nos sentimos decepcionados.

Pero ¿de quién es realmente la culpa?

No exigirías a un pez que volara ni a un pájaro que nadara en las profundidades del océano.

No porque no quieras que lo hagan, sino porque sabes que no está en su naturaleza.

Sin embargo, cuando se trata de las personas, nos olvidamos de eso.

Esperamos más, tal vez algo que no pueden dar. Y ahí es donde surge la frustración.

No es cuestión de conformarse, sino de elegir: aceptarlas con su esencia o alejarnos.

La clave está en soltar la expectativa y recordar que cada uno solo puede ofrecer lo que lleva dentro, y eso, muchas veces, no tiene nada que ver con nosotros.

Porque si eliges a un lobo hambriento, no puedes esperar que no te muerda. Es su naturaleza.

Y si decides quedarte, también estás aceptando el riesgo de que, tarde o temprano, termine matándote.

Viva Suecia, Leiva- Justo cuando el mundo apriete

Advertencias

Desde el principio, le dijo que no era como nadie que hubiera conocido. EN NADA, que entrar en su mundo podía ser un viaje sin regreso.

Le explicó que desentrañar sus misterios, comprender sus rarezas y ver el mundo a través de sus ojos era un riesgo, porque esa forma mágica de mirar las cosas podía volverse adictiva y de yonkis está el mundo lleno.

Adicta al sol y a la playa, pero sin compañía.

De cara pecosa, mejillas sonrosadas y pelo enmarañado que nunca intentaba domar.

Puro caos, como si el mar y el viento se hubieran juntado para crear algo que nadie pudiera contener.

Dijo que acabaría deseando esos domingos fríos de sofá, que aprendería a mirar el mar con la misma fascinación casi infantil que ella.

Que terminaría perdiendo la vergüenza al verla cantar en la calle, en el coche, o bailar en medio del supermercado.

Le advirtió de sus tropezones, sus caídas y sus meteduras de pata en los peores momentos.

Que su caos, su intensidad y su forma de vivir a doscientos por hora se le grabarían en la cabeza, al igual que esas canciones que antes no soportaba.

Un huracán de vida, de bipolaridad, de llantos y risas que todos y todas queremos sentir mientras nos encontramos incapaces de arrancar el recuerdo de esa forma suya de mirar el mundo y hacerlo parecer menos jodido.

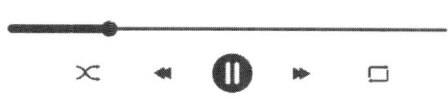

Arde Bogotá- Cariño

Luz de domingo

Domingo.

Cielo azul, aire frío que entra por la ventana y te acaricia mientras te quedas unos minutos más bajo las mantas, abrazado por el calor.

El canto de las gaviotas se mezcla con el silencio de la mañana.

El sol calienta justo lo suficiente y entra de esa forma maravillosa con la que dibuja siluetas en las paredes.

Es de esos días en los que el tiempo se olvida, donde todo huele a calma y a esa quietud perfecta que solo un domingo puede dar.

Días que huelen a calma y a tiempo que no corre mientras sigo esperando el café con *croissant*.

Pelando

"Fingir es la primera capa de una cebolla de mentiras".

Nos metemos en el papel, nos creemos esas máscaras y escondemos lo que realmente somos porque mostrar quién eres de verdad te destruye, y nadie quiere eso.

Nos mentimos a nosotras mismas, y cada mentira nos aleja más de lo que deberíamos ser.

Como en *Réquiem por un sueño*, donde todos, atrapados en su mierda, intentan huir de lo que no pueden enfrentar, pero cada intento los hunde más. Se clavan más profundo en sus propios engaños, y al final se quedan vacíos, rotos, esperando algo que nunca va a llegar.

Bajar la guardia es casi como un suicidio emocional; mostrarte tal cual eres es dejar que te partan en pedazos.

Pero sí, a veces necesitamos que todo se rompa para poder reconstruirnos, aunque no sepamos ni por dónde empezar.

Para volver a encontrarme.

Porque al final, estoy igual de perdida y jodida que tú, atrapada en este lugar donde estamos buscando respuestas que nunca llegan, o un sentido que ni siquiera sé si quiero encontrar.

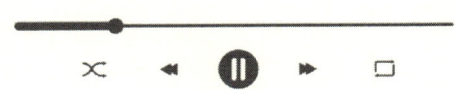

Viva Suecia- Hacernos Polvo

Incendios sofocados

¿Recuerdas lo mucho que te dolía el pecho?

Ahora volvemos a ser capaces de escuchar tu risa romper el silencio.

¿Recuerdas cuando solo eras su fin de semana en la playa y el resto del año su hoguera para calentarse?

Ahora somos primavera, sin pedir permiso.

¿Recuerdas todas esas veces que lloraste sola en la ducha?

Ahora somos quienes bailan en el salón sin que el mundo importe.

¿Recuerdas cuando preferiste un "NO" antes que tragarte otra excusa de mierda?

Ese fue tu mayor acto de amor propio: dejar de insistir.

Y ahora mírate: caminando descalza entre los restos de lo que fuiste, dejando que el viento te despeine, dejando que todo importe un carajo.

Recuerdas porque sobreviviste.

Porque, aunque dolió, aunque te arrancó pedazos, aprendiste

que no eres quien mendiga, sino quien incendia.

Y si la vida vuelve a ser un desastre, pues que lo sea.

Ahora sabes que el caos también baila, dentro y fuera de la

hoguera.

Cimientos

"La persona más peligrosa es la que te toca sin tocarte".

A lo largo de nuestra vida abriremos la puerta a muchas personas. A algunas durante mucho tiempo, años... a otras solo un ratito.

En el momento en el que entran, dejarán la huella de sus zapatos. Algunos, llenos de barro, ensuciarán todo; otros, apenas irán ligeros en calcetines y, al igual que los amarillos de Espinosa, cada uno tendrá una misión y un tiempo en nuestra vida.

Otras, entran sin pedir permiso, sin tocar una sola puerta, y aun así, logran dejarte todo revuelto por dentro. Estas son a las que debes temer.

Cuando una de ellas se atreve a entrar, te descolocará por dentro, moverá muebles y decidirá a su antojo tu decoración interior.

Da igual que no lo haya hecho por fuera.

Que toque o no tu fachada es algo insignificante.

Estos intrusos logran pasar con una palabra e invaden tu espacio, cogiendo y tocando todo lo importante.

Te han "*okupado*" el alma. No es físico lo que te aprieta, es ver cómo se hacen con tu espacio y empiezan a mover todo por dentro, a dejarte ese caos que no quieres ordenar por el momento.

No es lo que ven tus ojos, es lo que tus entrañas y cimientos sienten.

Y aunque lo mejor sería cerrarles la puerta, al final te das cuenta de que, siempre que quieran saben por dónde colarse sin que llames a la policía, y sin que suenen tus alarmas.

Querido Tom

Seguro que no recuerdas cuándo dejaste de jugar con muñecas
Cuál fue exactamente el día que te subiste por última vez a un
columpio.

Tampoco recuerdas el momento en el que las peleas por un
juguete con tu hermana dejaron de ser un motivo de lágrimas y
risas.

Un día, sin previo aviso, fue el último.

Y nunca te diste cuenta.

Nos hemos acostumbrado a vivir como si siempre hubiera un
"luego", como si el tiempo tuviera paciencia. Asumimos que, si
no es hoy, será mañana.

Pero a veces no hay mañana.

A veces, "algún día" se convierte en una mentira cómoda. Y
"después" se queda atrapado en un silencio que nunca vuelve.

Vivimos obsesionados con lo que viene, pero nunca con lo que
está.

Imaginamos futuros, posponemos abrazos, dejamos pendientes
los "te quiero". Y mientras tanto, sin saberlo, has dicho un

último "buenas noches", has visto por última vez a alguien que formó parte de ti y que te conoce en todas tus versiones.

Aquellos labios que besabas mañana serán desconocidos para ti; nombres en bocas ajenas, rostros que dejarán de ser familia para convertirse en extraños.

Como Tom en "500 días juntos", mientras tú imaginabas mañanas, alguien más ya había decidido el final del guion.

Y así, te quedas sentado en un banco cualquiera, mirando atrás, entendiendo que no era "la historia", solo una etapa.

Y, como él, te das cuenta: a veces, no hay más veces.

Y mañana, sin querer, tú y yo seremos solo una anécdota.

Antes del amanecer

"Por la mañana seremos historia".

Y yo quiero ser una inolvidable. De esas retorcidas, pero que te dejan lleno y algo tocado (sabéis lo que me gusta un buen final inesperado).

Siempre supe que moriría joven, no sé si por mi complejo de estrella de rock frustrada o por el simple hecho de no poder soportar una vida sin los que tengo al lado.

Una vez, casi doy la mano a Kurt, pero no era mi momento, aunque desde entonces el vivir con miedo y con controles como si fueran un temporizador que no sabes cuando parará; es algo a lo que me he acostumbrado.

Cuando se vuelve oscuro y vuelves a tener que esperar esperar respuestas, a volver a tener que grabar todo en tu retina, creo que es cuando pierdes el sentido de todo. De tu vida, de tus actos...y te dedicas a vivir.

Puede ser peligroso y acabes perdiéndote a ti mismo.

A quedarte sin raíces, como un diente de león en el viento.

Pero si mañana me dicen que mi tiempo se acabó, al menos sé que no me quedé con las ganas de nada.

Aunque, como buena maniática del orden, prometo dejar las cosas arregladas. Mi legado limpio.
Acordaos: girasoles.
Y que me lo he pasado de puta madre.

Como en "Antes del amanecer", yo también sigo sacando fotos, para no olvidarme de vosotros ni de esto. De la vida.

Que todo salga bien. Y si no, al menos que salga como tiene que salir.

A(l) Alba

Pobrecillas.

Siempre consideradas el sexo débil, el sensible el dependiente y enamoradizo.

Que no saben lo que quieren, que siempre necesitan un poco de cariño extra, que, si se entregan sin promesas, si no hay un "te quiero" detrás de cada suspiro, es porque algo está mal con ellas. Pobres, siempre tan dispuestas a caer en la trampa del amor.

Una mujer nunca sería capaz de acostarse con un hombre sin crear ningún tipo de vínculo afectivo. Jamás.

Mientras, tras unos cuantos polvos, los hombres deberían tratarlas como princesas, acariciar sus cabellos y alabar lo bellas que se ven.

Como si ellas, pobrecitas, no pudieran sudarte encima sin acabar rendidas a sus pies. Como si en cada encuentro no se pudiera separar lo físico de lo emocional. Como si siempre tuviéramos que hacer del sexo una tregua emocional.

¿Algún día entenderán estos machos testosterónicos que no es necesario hablar, dormir abrazados o prepararte el desayuno para seguir teniéndote en una cama?

¿Por qué seguir asociando la dependencia emocional a las mujeres?

Querido, que no necesito tus cuentos ni que tú te leas los míos. Móntame y vete.

Adelante

Nosotros decidimos quiénes cruzan la frontera de nuestro pequeño mundo, quiénes tienen el privilegio de entrar y recorrer nuestras calles internas, respirar nuestro aire, usar lo que somos. Lo hacemos con la confianza ciega de que no habrá daño, de que aquello que entregamos será cuidado, valorado. Pero en el fondo, sabemos la verdad: somos los últimos responsables. Si algo se quiebra, si algo se pierde, el peso recae en nosotros.

Es fácil ceder, abrir las puertas sin pensar en las consecuencias. No medimos la profundidad de los pasos que dejamos que otros den sobre nosotros hasta que las huellas comienzan a doler.

Y cuando nuestro mundo comienza a fracturarse, cuando se agotan nuestras reservas, no es hacia afuera donde señalamos. Nos miramos a nosotros mismos con la dureza de quien piensa que debió preverlo, que debió ser más cuidadoso, más fuerte. Llegamos a sentirnos secos, áridos, incapaces de dar más porque hemos permitido que alguien tome todo.

Es entonces cuando nos enfrentamos a esa verdad incómoda: cuidar de nuestro pequeño mundo no es egoísmo, es responsabilidad.

Elegir a quién dejamos entrar no es crueldad, es sobrevivir.

Y si no tenemos buen criterio, nos quedaremos siempre sin flores.

Amén

Líbrame vida de enamorarme de unos ojos que tienen ojos para muchas más.

Muse- Can´t take my eyes off you

Silencio

Me quedo con la sonrisa de la última vez que nos vimos, la guardo como un recuerdo que no pesa, que no duele, que simplemente está.

Si alguna vez, entre los días que pasan, piensas en mí, si mi nombre te cruza el pensamiento o el aire te trae un rastro que parece mío, envíame un suspiro, un latido, un algo.

Y, si me llamas así, sin ruido, sin palabras, volveré a ti. Siempre.
Como si nunca me hubiera ido.

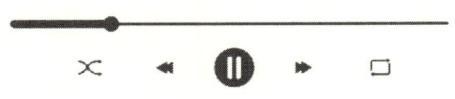

Goo Goo Dolls- Iris

Bésame, que luego te explico

Y me dejarás quedarme tu sudadera, pero dándote calor.

No quiero tela fría ni recuerdos vacíos.

¿Y si nos vemos un ratito? Solo eso.

Nada complicado, nada que joda.

Tú y yo, ahí, sin vueltas ni dramatismos.

Un rato sin dolor, sin historias.

Un rato donde existamos y ya.

¿Qué dices?

La libertad no se regala, se arranca.

La historia y sus vueltas; lo que no aprendimos ayer lo seguimos arrastrando hoy.

Nos venden la mentira de que el tiempo cura todo, pero solo lo entierra en un olvido conveniente para los que nos quieren callados, para los que nos aplastan con el peso de su poder.

Pero no, la sangre derramada no se olvida, y las huellas que dejaron esos que lucharon por algo más grande que la vida misma siguen ardiendo bajo nuestros pies.

Nos mataron. Nos mataron a los que pensaban, a los que soñaban con algo distinto.

Nos mataron a los que no se conformaron con sobrevivir.

A los que alzaron la voz, a los que abrieron los ojos, a los que no tuvieron miedo de gritar lo que todos callaban.

Los metieron en fosas, los quisieron borrados.

En cunetas, con la tierra encima, con el silencio aplastándolos.

A los que desaparecieron, a los que quedaron en la sombra, besando balas, dejando atrás a sus familias destrozadas.

A los que, por hablar, fueron arrancados de la vida.

A los maestros que, en vez de enseñar a leer y escribir,
enseñaron a pensar y a cuestionar.

A esos, les cortaron la lengua, les desterraron, los mataron.

Porque no hay nada más peligroso para un dictador que un
pueblo con conciencia.

Porque es la historia de la que no aprendemos, y no es una
historia de paz.

Es una historia de puños levantados, de luchas perdidas, de
muertes injustas.

Una, en la que siempre habrá LORCAS, animales heridos, como
bestias que no se dejan domar.

Bestias que quisieron borrar porque su arte, su amor, su voz,
eran demasiado para el sistema.

Porque el poder tiene miedo de los que no se callan, de los que
no se doblan, de los que son demasiado humanos.

Y no pudieron atarlos.

Porque la poesía no muere.

La poesía, como la lucha, no se mata.

Y ahora, cuando parece que el polvo se ha asentado, seguimos cargando con los mismos fantasmas.

Pero, como dijo el poeta, lo que nos robaron no se apaga.

Lo que nos arrebataron no se olvida

Lo que nos mataron, no lo dejamos morir.

La lucha sigue, y mientras sigamos peleando, sigamos gritando, sigamos amando con los ojos abiertos, nunca será tarde.

Nunca seremos derrotados mientras no dejemos que nos pisoteen.

El fuego ya estaba encendido

Pasión es el cuerpo explotando por algo que la mente ya destrozó mil veces.

Es la rabia de no poder contenerlo más, de que todo lo que pensaste, lo que imaginaste, lo que soñaste, te queme por dentro hasta que lo hagas.

Es un grito que empieza en la cabeza y acaba en las manos, en la carne, en los huesos.

Es dejar de pensar porque ya lo pensaste tanto que el cuerpo no tiene más opción que arrancarlo, como si te arrancaras el alma a golpes.

Pasión es no poder parar. Es hacer porque no hacerlo sería peor.

Marchas

Déjame recuerdos.

Deja que cuando me vaya me los lleve como fotos en la
memoria.

Trae girasoles sin esperarlo (o sin que me los compre yo).

Sácame del coche una noche, pon a Lord Huron y baila
conmigo (o abrázame).

Escúchame.

Interésate.

Guárdame en tu retina, por si me voy.

Recuerda mi olor.

Recuerda mi risa.

Recuerda mi terquedad, la misma con la que me agarro a la vida,
y con la que os alejo de mí.

No estuve lista para irme nunca.

Y menos con esa ría bajo esta luz.

Comiéndose las opciones

Si se nos va el tren, compramos un billete de avión.

Si no hay vuelos, seguimos a pie. Pero no nos quedamos quietos mirando cómo se escapa lo que queremos.

No importa el medio ni la velocidad, lo que importa es el destino y las ganas de llegar.

Que nada nos detenga, ni el miedo, ni el tiempo, ni las dudas.

Que lo que queremos no se escapa, porque si hace falta, lo alcanzamos a mordiscos.

Porque quien quiere, encuentra el camino.

Y quien no, siempre tendrá una excusa.

Virtud y castigo

Siempre fui de las que aseguraban que los hechos decían mucho más que las palabras.

Pero también de las que usaba la música como propia voz.

A veces, cuando no hay palabras, encontramos lo que buscamos y nos come por dentro definido entre versos.

Porque, cuando el silencio es tan pesado que te ahoga, no hay nada más verdadero que una canción.

Por ello, cuando, tras muchas ausencias, desapariciones y silencios recibí un:

"Pero ya da todo igual; Si te quiero más, me arruinarás".

Lo entendí todo. Se fueron los rencores con solo unos acordes.

Acordes que entran directos al hueso, que te parten sin pedir permiso.

No hizo falta decir más.

No hicieron falta hechos, si no una estrofa que hablaba más que cualquier boca.

No hicieron falta más explicaciones, ni excusas.

Solo ese verso que lo dijo todo.

Porque a veces, cuando ya no queda nada más que destruir, la música es la que te grita lo que tenías guardado.

Ahora, abrázame.

Arde Bogotá- Virtud y castigo

Contacto cero

El contacto cero, ese procedimiento casi místico que tan pocos se atreven a llevar a cabo, pero que es esencial para salvar lo que queda de uno mismo.

Es una estrategia compleja, casi secreta, que exige cortar toda conexión con una persona que siembra caos en tu vida.

Una táctica de supervivencia emocional cuando el cerebro, agotado de tanto recibir señales de alerta, ya no puede más y grita, con desesperación, que hay que irse, que hay que cortar todo vínculo (sea del tipo que sea).

Es el acto de desconectar con el ser que juega al gato y al ratón, apareciendo y desapareciendo a su antojo.

Esas pequeñas muestras de atención seguidas por largos silencios, que reflejan una inmadurez emocional insoportable.

Pero lo peor es que, mientras el corazón sigue saltando con cada mensaje o mirada, el cerebro sabe lo que no se ve: que no es sano, que no es real, que no hay estabilidad, que no hay paz, que ahí NO ES.

El mundo ya es suficientemente confuso y mi vida demasiado corta como para, además, intentar entender a alguien que se esconde detrás de juegos mentales.

Y ya basta.

La paciencia se agota, y cuando se ha llegado al punto de "no retorno", cuando ya no hay espacio para más rodeos, el contacto cero se convierte en la única opción.

Se acaba el circo, se cierran las puertas.

Se acaba tu función.

Pillados antes que los cojos

"La mentira es un instrumento de vida, y la verdad es un remedio para el sufrimiento."

Nietzsche tenía una visión particular sobre la verdad y la mentira, viéndolas no como absolutos, sino como herramientas que las personas utilizan en su existencia.

La mentira puede ser un recurso para sobrellevar la vida, pero que solo es usada por cobardes hasta el momento en que te aprieta, en que ya no puedes respirar bajo su falso abrazo.

Siempre me consideré una persona tolerante, abierta, capaz de aceptar cualquier situación, pensamiento, actitud o diferencia que el mundo me ofreciera.

Pero hay algo en mí que cambia cuando alguien decide mentirme, cuando el daño se cuela por la rendija de la confianza.

Es como si algo dentro de mi cabeza hiciera "bum".

Y ahí todo se derrumba.

Cuando rompes algo en mí, ya no hay reparación posible.

Aunque no lo quiera, empiezas a desaparecer de mi vida, casi sin darme cuenta. Como si te fuera borrando, sin esfuerzo, sin querer.

La mentira tiene ese poder: destruye todo de una vez.

Índice